Christian Morgenstern

Wenn es Winter wird

Der See hat eine Haut bekommen,
sodass man fast drauf gehen kann,
und kommt ein großer Fisch geschwommen,
so stößt er mit der Nase an.

Und nimmst du einen Kieselstein
und wirfst ihn drauf, so macht es klirr
und titscher – titscher – dirr …

Heißa, du lustiger Kieselstein!
Er zwitschert wie ein Vögelein
und tut als wie ein Schwälblein fliegen –
doch endlich bleibt mein Kieselstein
ganz weit, ganz weit auf dem See draußen liegen.

Da kommen die Fische haufenweis
und schaun durch das klare Fenster von Eis
und denken, der Stein wär was zum Essen;

doch sosehr sie die Nase ans Eis auch pressen,
das Eis ist zu dick, das Eis ist zu alt,
sie machen sich nur die Nasen kalt.

Aber bald, aber bald
werden wir selbst auf eigenen Sohlen
hinausgehen können und den Stein wieder holen.

Meine Seite

Zähle die Fische. Male jeden Fisch in einer anderen Farbe aus.

Wissen für Kinder

Christian Morgenstern (1871–1914) war ein deutscher Dichter und Schriftsteller. Unter anderem schrieb er komische Gedichte, durch die er sehr berühmt wurde. Außerdem arbeitete Christian Morgenstern als Übersetzer. Er übersetzte Bücher aus der norwegischen Sprache ins Deutsche.

www.hase-und-igel.de
Lektorat: Barbara Wermann
Layout: Claudia Trinks
Illustrationen: Fides Friedeberg
Druck: Himmer AG, Augsburg

ISBN 978-3-86760-653-0
1. Auflage 2009